바른 역사를 펴내는 데 길잡이가 되어 주신 분들

추천감수 최광식 (현 고려대학교 한국사학과 교수·국립 중앙 박물관장)
고려대학교 사학과를 졸업하고 같은 학교 대학원을 졸업했습니다. 고구려, 백제, 신라의 정치와 사상을 연구하고 있습니다. 효성여자대학교 사학과 교수, 일본 동북대학교 객원연구원, 중국 북경대학교 초빙교수, 미국 UCLA 초빙교수를 지냈으며, 한국역사민속학회 회장, 한국고대사학회 회장, 고구려연구재단 상임이사, 고려대학교 박물관장으로 활동했습니다. 현재 고려대학교 한국사학과 교수 및 국립 중앙 박물관장, 한국고대학회 회장으로 활동하고 있습니다. 주요 저서로는 《고대 한국의 국가와 제사》, 《중국의 고구려사 왜곡》, 《단재 신채호의 '천고'》, 《우리 고대사의 성문을 열다》, 《백제의 신화와 제의》, 《한국 고대의 토착신앙과 불교》 등이 있습니다.

추천감수 박남수 (현 국사편찬위원회 편사 연구관·동국대학교 사학과 겸임교수)
동국대학교 사학과를 졸업하고 같은 학교 대학원 사학과에서 한국 고대사를 전공했습니다. 한국 고대 사회경제사 및 정치사를 연구했습니다. 현재 국사편찬위원회 편사 연구관 및 동국대학교 사학과 겸임교수로 활동하고 있습니다. 주요 논문으로는 〈신라 화백회의의 기능과 성격〉, 〈김대성의 불국사 조영과 그 경제적 기반〉, 〈삼국의 경제와 교역활동〉, 〈8~9세기 한·중·일 교역과 장보고의 경제적 기반〉, 〈고구려 조세제와 민호편제〉, 〈통일신라의 대일교역과 애장왕대 교빙결호〉 등이 있으며 신서원의 《신라수공업사》를 저술했습니다.

추천감수 박대재 (현 고려대학교 한국사학과 교수·전 국사편찬위원회 편사 연구사)
고려대학교 한국사학과를 졸업하고 같은 학교 대학원 사학과를 졸업했습니다. 고조선, 부여, 삼한 등 한국 상고사를 연구하고 있습니다. 공군사관학교 역사철학과 교수요원, 미국 남가주대학교(USC) 한국학연구소 객원연구원, 국사편찬위원회 편사 연구사를 지냈으며, 현재 고려대학교 한국사학과 교수, 한국사연구회 편집이사로 활동하고 있습니다. 주요 저서로는 《의식과 전쟁-고대 국가를 바라보는 새로운 시각》, 《고대한국 초기국가의 왕과 전쟁》 등이 있습니다.

추천감수 임상선 (현 동북아역사재단 연구위원)
동국대학교 역사교육학과와 한국정신문화연구원 한국학대학원을 졸업했습니다. 발해의 역사와 문화, 동북아의 교과서와 역사분쟁을 연구했습니다. 서울시립미술관 및 서울역사박물관 전문위원에 이어 현재 동북아역사재단 연구위원으로 활동하고 있습니다. 주요 논문으로는 〈발해 천도에 대한 고찰〉, 〈발해의 왕위계승〉, 〈'발해인' 이광현과 그의 도교서 검토〉, 〈발해의 도성체제와 그 특징〉, 〈중국학계의 발해·고구려 역사연구 비교〉 등이 있으며 신서원의 《발해의 지배세력 연구》를 저술했습니다.

어려운 역사를 흥미로운 동화로 꾸며 주신 분들

글 우리역사연구회
중국과 일본 등 주변의 여러 나라들이 역사를 왜곡하고 있습니다. 우리가 우리의 역사를 잊어버리거나 바로 알지 못할 때 우리의 역사를 도둑맞게 됩니다. 우리 아이들에게 올바른 역사 인식과 역사관을 심어 주고, 역사 공부와 통합 논술 준비에 도움이 되는 책을 만들고자 우리역사연구회라는 이름으로 뜻을 모았습니다.
기획 및 편집_류일윤, 이인영, 김근주, 장혜미, 장도상, 하순영 **역사연구원**_이승민, 민정현, 김설아, 허보현, 최연숙 **논술연구원**_추선호, 이지선, 강지하, 김현기, 주인자, 이명숙
동화작가_류일윤, 강이든, 황의웅, 유우제, 정영선, 김유정, 조지현, 김광원, 이자혜, 조은비, 박설아, 박지선, 이승진, 김진숙, 김경선, 김명수, 한희란, 김미선, 한화주

본문 그림 유수정
덕성여자대학교 미술대학을 졸업하고, 같은 학교 대학원에서 동양화를 전공했습니다. 현재 그림 동화 작가로 활동하고 있습니다. 개인전과 다수의 단체전에 참여했습니다. 주요 작품으로는 삼성출판사의 《걸리버 여행기》 등이 있습니다.

부록 그림 선원
서양화를 전공했습니다. 한국출판미술협회 회원으로 활동하고 있습니다. 주요 작품으로는 삼성당의 《빨간 머리 앤》, 《동물농장》, 《파브르 곤충기》 등이 있습니다.

보장왕 고구려의 마지막 왕

1판 1쇄 인쇄 2014년 2월   **1판 1쇄 발행** 2014년 2월
기획 및 편집 류일윤, 이인영, 김근주, 민정현, 김설아, 장도상, 하순영, 허보현, 이정애
교정 교열 박사례, 장혜미, 전희선, 최부옥, 김정희, 최효원 **논술 진행** 추선호, 이지선, 강지하
아트디렉터 이순영, 김영돈 **디자인** 김재욱, 김은주, 송나경, 김명희, 박미옥, 김용호, 홍성훈, design86
펴낸이 양기남 **펴낸곳** MLS **출판등록번호** 제406-2012-000094호 **주소** 경기도 파주시 회동길 216, 파주출판도시 문정 3층
전화 031-957-3434 **팩스** 031-957-3780
ISBN 978-89-98210-63-2 ISBN 978-89-98210-25-0 (세트)

⚠ 주의 : 본 책으로 장난을 치거나 떨어뜨리면 어린이가 다칠 위험이 있습니다. 고온 다습한 장소나 직사광선이 닿는 장소에는 보관을 피해 주십시오.

《삼국사기》고구려본기 '보장왕'

보장왕
고구려의 마지막 왕

6 인물로 읽는 한국사

666년 어느 날, 한 신하가 헐레벌떡 보장왕 앞으로 달려왔어요.
"대막리지 연개소문께서 돌아가셨다 하옵니다!"
"그래, 어떤 말씀을 남기셨느냐?"
"세 아드님에게 서로 물과 고기처럼 화목*하게 지내고
 권력*을 다투지 말라고 하셨습니다.
 그러지 않으면 이웃나라의 웃음거리가 될 것이라 하셨지요."
보장왕은 고개를 끄덕이며 한숨을 쉬었어요.
여태까지 보장왕은 허수아비나 마찬가지였어요.
보장왕을 왕으로 세운 사람이 바로 연개소문이었거든요.

*화목(화목할 화和, 화목할 목睦) 서로 뜻이 맞고 정다운 것을 말해요.
*권력(권세 권權, 힘 력力) 남을 복종시키거나 지배할 수 있는 권리와 힘이에요. 특히 국가나 정부가 국민에 대해 가지고 있는 강제력을 말해요.

곧 신하들이 앞 다투어 왕궁으로 몰려왔어요.
"연개소문은 그동안 권력을 마음대로 휘둘렀습니다.
 이제 연개소문이 죽었으니 왕권*을 되찾으십시오!"
보장왕은 곰곰이 생각했어요.
'지금 연씨 집안을 모조리 몰아내면 고구려가 흔들린다.
 아직은 때가 아니야. 조금만 더 참자.'
보장왕은 마음을 굳게 먹고
연개소문의 맏아들 연남생을 대막리지로 삼았어요.
그리고 연개소문의 세 아들과 신하들에게 말했지요.
"부귀영화*도 나라가 없으면 다 쓸모없소.
 서로 더 높은 자리를 차지하기 위해 싸우지 말고
 다 함께 힘을 모아 고구려를 지켜 주시오!"

*왕권(임금 왕王, 권세 권權) 임금(왕)이 지닌 권력이나 권리예요.
*부귀영화(부유할 부富, 귀할 귀貴, 영화 영榮, 빛날 화華) 재산이 많고 지위가 높으며 귀하게 되어서 세상에 드러나 온갖 영광을 누리는 것을 말해요.

그러나 귀족들은 보장왕의 말을 듣지 않았어요.
서로 권력을 차지하려고 싸웠답니다.
때마침 대막리지가 된 연남생은
다른 고구려 성을 둘러보기 위해 평양성을 떠났어요.
그동안 동생 연남건과 연남산이 대신 나랏일을 맡아보았지요.
그러자 귀족들이 연남건과 연남산에게 거짓말을 했어요.
"대막리지가 두 분을 없애려고 합니다.
 대막리지에게 당하기 전에 미리 준비하소서."
하지만 연남건과 연남산은 이 말을 믿지 않았어요.

다른 귀족들은 연남생에게 거짓말을 했어요.
"대막리지의 동생들이 대막리지를 몰아내려 합니다."
"뭐라? 그게 사실이냐?"
놀란 연남생은 몰래 평양성으로 사람을 보냈지요.
그런데 이걸 어쩌면 좋아요.
연남생이 보낸 사람이 연남건과 연남산에게 붙잡혔어요.
"이럴 수가! 정말 형님이 우리를 배신했구나!"
연남건과 연남산은 곧장 보장왕을 찾아갔어요.
"대막리지께서 반란을 일으키려 합니다.
 어서 평양성으로 불러 벌하십시오!"

보장왕은 연남건과 연남산의 말에 따라
연남생에게 평양성으로 돌아오라고 명령했어요.
그러자 귀족들이 연남생을 말렸어요.
"이것은 함정입니다. 가시면 살아 돌아오지 못하실 것입니다!"
결국 연남생은 평양성으로 돌아가지 않았어요.

그러자 연남건은 스스로 대막리지가 되어 군사를 일으켰지요.
연남건은 연남생이 있는 곳으로 군사를 보내 공격했어요.
결국 형제 사이에 싸움이 벌어지고 말았어요.

연남생은 연남건의 군사를 이기지 못하고 국내성으로 도망쳤어요.
"동생들이 내 숨통을 조일 줄은 몰랐다. 괘씸한 놈들!"
연남생은 이를 바득바득 갈았어요.
"이대로는 안 되겠다.
 당나라에 군사를 보내 달라고 부탁해야겠어."
연남생은 아들을 당나라에 보내 도움을 청하고
자기도 당나라로 달아났어요.
또한 당나라가 평양성을 공격하면 길잡이가 되겠다고 약속했지요.
연남생은 아버지 연개소문이 물리친 당나라를
어리석게도 스스로 끌어들였어요.

당나라군은 연남생과 손잡고 평양성까지 쳐들어왔어요.
연남건은 평양성을 새까맣게 에워싼 당나라군을 보며 눈물을 흘렸어요.
'왜 남생 형님은 고구려를 배신했을까?
 우리 세 형제가 아버지의 말씀을 지키지 못하고
 나라를 어지럽혔으니 참으로 부끄럽구나.'
연남건은 이를 악물고 앞장서서 군사들을 이끌었어요.
한편, 당나라 군사들은 평양성이 좀처럼 무너지지 않자 초조해졌어요.
이제까지 몇 차례나 고구려를 공격했지만 번번이 졌으니까요.

"이러다가 또 우리가 지는 거 아냐?"
그때마다 당나라 장수들이 엄하게 나무랐지요.
"지금 신라가 우리를 돕기 위해 군량미*를 가져오고 있다. 조금만 더 힘을 내라! 곧 평양성을 무너뜨릴 수 있다!"
그러나 아무리 공격해도 평양성을 무너뜨릴 수 없었어요.

*군량미(군사 군軍, 양식 량糧, 쌀 미米) 군대의 양식으로 쓰는 쌀을 말해요.

그러자 당나라 장수들은 꾀를 내었어요.
평양성 안으로 몰래 사람을 보내
연남건의 부하인 신성을 꼬드겼지요.
"고구려는 이제 독 안에 든 쥐요.
 이미 백제는 망했고 신라는 우리 당나라 편이오.
 게다가 대막리지였던 연남생도 당나라 편에 섰소.
 상황이 이러한데 어떻게 고구려가 당나라를 이길 수 있겠소?"
당나라 사람은 신성을 끈질기게 설득했어요.
"그대가 만약 평양성 문을 연다면
 황제께서 벼슬과 재산을 내려 주신다 하셨소."
신성은 귀가 솔깃했어요.
잠시 고민하더니 고개를 끄덕였지요.
"좋소. 오늘 밤 평양성 문을 열리다."

그날 밤, 당나라 군사들은 평양성 문을 뚫어져라 바라보았지요.
시간이 얼마나 흘렀을까요.
"삐그덕!"
마침내 평양성 문이 열렸어요!

"평양성 문이 열렸다! 총공격이다!"
"와아아!"
당나라 군사들은 물밀듯이 평양성 안으로 들어갔어요.
평양성은 순식간에 쑥대밭이 되었지요.
집집마다 불타고 사람들이 비명을 지르며 쓰러졌어요.
당나라 군사들은 사나운 들개처럼
평양성 곳곳을 휘젓고 다녔어요.
차마 눈 뜨고 볼 수 없을 정도로 끔찍했지요.

"흑흑. 당, 당나라 군사들이……."
신하들은 우느라 말을 잇지 못했어요.
보장왕은 온몸을 파들파들 떨며 눈물을 흘렸어요.
'이 꼴을 보려고 지금까지 내가 고구려 왕위에 있었는가!'
보장왕은 가슴이 갈기갈기 찢기는 듯했어요.
사랑하는 고구려와 백성들을 지키지 못했다는 생각에
참을 수 없이 괴로웠지요.
하지만 보장왕은 이를 악물며 다짐했어요.
'나는 고구려 왕이다.
반드시 내 손으로 고구려를 일으키겠다.'
보장왕의 눈에서는 뜨거운 눈물이 계속 흘러내렸어요.

668년, 결국 고구려는
나당 연합군에 무너졌어요.
보장왕은 고구려 귀족들 및 백성들과 함께
당나라로 끌려갔지요.
당나라로 끌려가는 길은 마치 지옥과도 같았어요.
보장왕은 수많은 고구려 백성이
개나 돼지 취급을 받는 모습을 지켜볼 수밖에 없었답니다.
'내 백성들을 사정없이 짓밟는 너희를 절대로 용서하지 않겠다.'
보장왕은 치미는 화를 꾹꾹 참았어요.
언젠가 고구려를 다시 일으켜 세울 때가 올 테니까요.
그때까지 꾹 참아야만 했어요.

고구려가 무너지자 곳곳에서 백성들이 들고일어났어요.
"왕과 귀족은 항복해도 우리는 항복하지 않는다!"
고구려 백성들은 고구려를 되살리기 위해
부흥* 운동을 벌이기 시작했지요.
부흥 운동은 마치 불길처럼 고구려 전체로 번졌어요.
"역시 고구려는 호락호락*한 나라가 아니구나!"
당나라 황제는 고민 끝에 보장왕을 고구려로 돌려보냈어요.
보장왕이 백성들을 설득하면
부흥 운동을 쉽게 잠재울 수 있다고 생각했거든요.

*부흥(다시 부復, 일어날 흥興) 기세나 상태가 점점 줄어서 약해진 것이 다시 일어나는 것이나
그렇게 되게 하는 것을 말해요.
*호락호락 일이나 사람이 만만하여 다루기 쉬운 모양을 말해요.

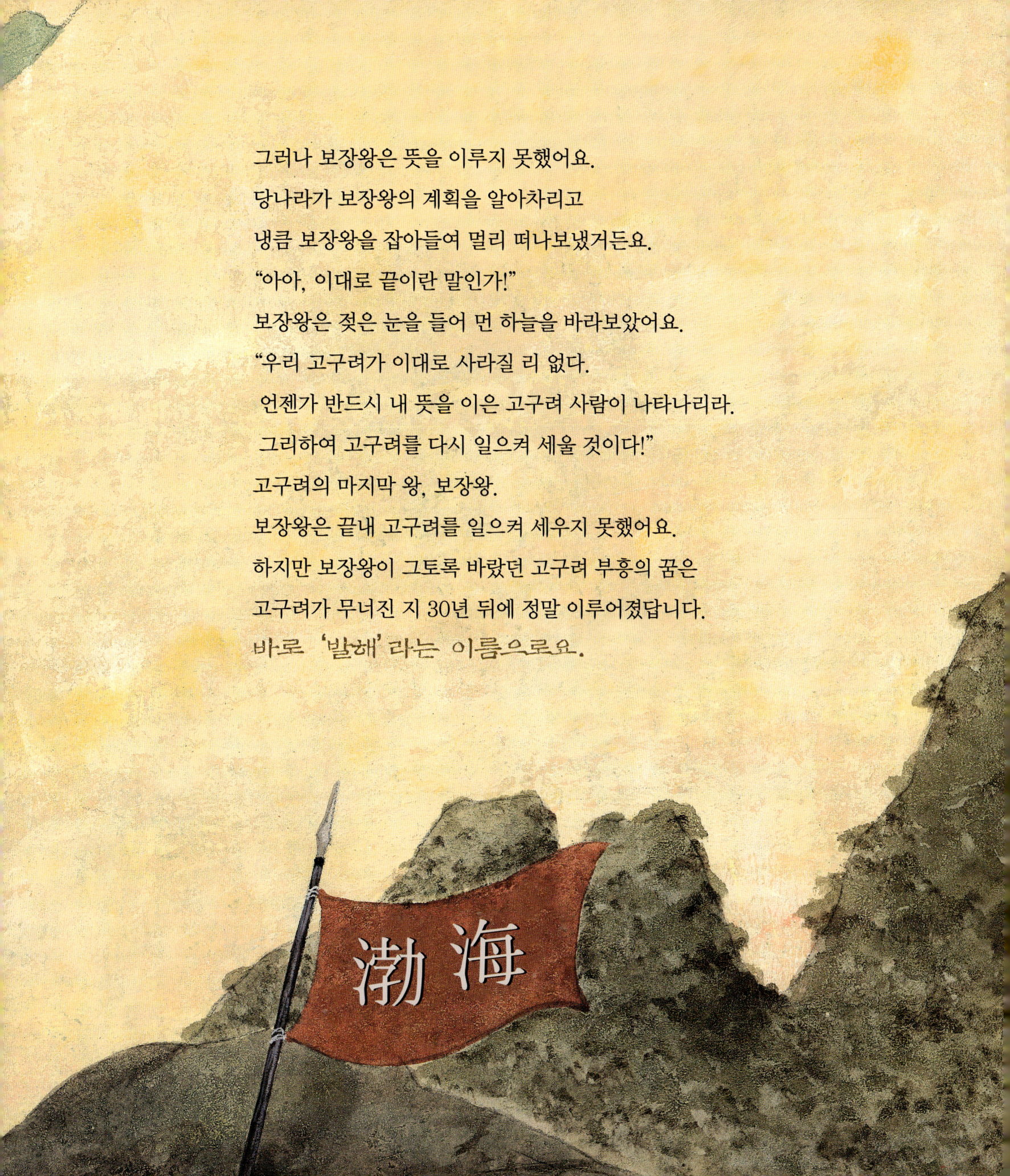

그러나 보장왕은 뜻을 이루지 못했어요.
당나라가 보장왕의 계획을 알아차리고
냉큼 보장왕을 잡아들여 멀리 떠나보냈거든요.
"아아, 이대로 끝이란 말인가!"
보장왕은 젖은 눈을 들어 먼 하늘을 바라보았어요.
"우리 고구려가 이대로 사라질 리 없다.
 언젠가 반드시 내 뜻을 이은 고구려 사람이 나타나리라.
 그리하여 고구려를 다시 일으켜 세울 것이다!"
고구려의 마지막 왕, 보장왕.
보장왕은 끝내 고구려를 일으켜 세우지 못했어요.
하지만 보장왕이 그토록 바랐던 고구려 부흥의 꿈은
고구려가 무너진 지 30년 뒤에 정말 이루어졌답니다.
바로 '발해'라는 이름으로요.

테마 탐구 1 : 난공불락 평양성은 왜 무너졌을까?

고구려 700년 역사 동안 단 한 번도 외부의 힘으로 열린 적이 없는 평양성!
그러나 절대로 함락되지 않을 것 같았던 평양성이 무너지며, 고구려는 나당 연합군에 패하고 말았어요.
난공불락의 평양성이 무너진 원인은 대체 무엇이었을까요?

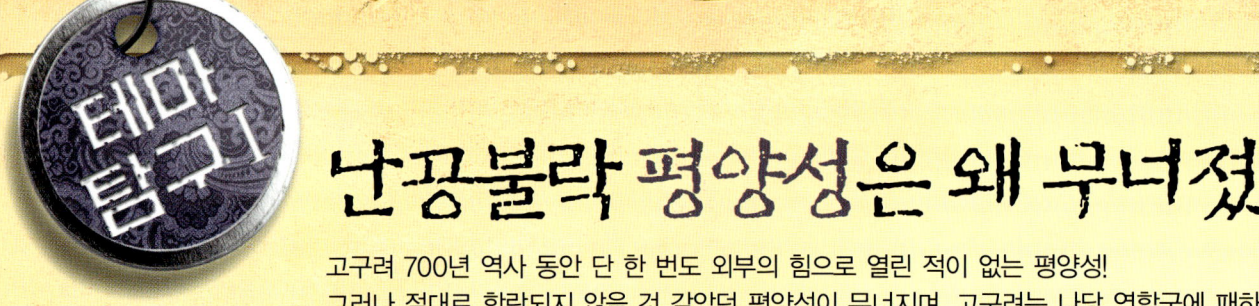

도대체 누구야? 누가 평양성을 무너지게 만든 거냐고?

용의자 1
고구려를 손아귀에 쥐고 흔들었던 연개소문

연개소문이 살아 있을 동안 고구려는 연개소문과 연씨 가문이 쥐락펴락했어요. 그런 연개소문이 죽자 그동안 눌려 있던 귀족들은 서로 권력을 차지하려고 싸워 대며 나라를 혼란스럽게 만들었죠.

혼자 너무 많은 걸 갖고 있었군. 좀 나눠 갖지 그러셨어요?

용의자 2
서로 믿지 못하고 집안싸움을 벌인 연개소문의 세 아들

연개소문이 죽은 뒤 세 아들은 서로를 믿지 못하고 권력 다툼을 벌였어요. 동생들에게 밀려난 첫째 연남생은 당나라 편에 서서 당나라의 길잡이 노릇을 했고요.

정말 못난이 3형제구나. 쯧쯧쯧!

용의자 3
고구려를 배신하고 평양성 문을 열어 준 승려 신성

평양성을 지키려고 열심히 싸우던 둘째 연남건은 잠시 승려 신성에게 평양성을 맡겨요. 그러나 신성은 당나라 편에 서서 스스로 평양성의 문을 열어 주었습니다.

사실 승려들은 쌓인 게 많거든. 궁금하면 호기심 탐구를 읽어 봐!

"우리가 힘을 합치면 고구려도 별수 없지!"

용의자 4
고구려를 치기 위해 서로 손잡은 신라와 당

신라는 혼자의 힘으로는 고구려를 치기가 어렵다는 걸 알고 당나라를 설득했어요. 끊임없이 고구려를 노렸으나 번번이 실패한 당나라는 신라의 제안이 너무나 반가웠죠. 만약 신라와 당나라가 손잡지 않았더라면 고구려는 그렇게 쉽게 무너지지 않았을 거예요.

용의자 5
고구려의 2성 체제를 버리고 중국식 1성 체제를 따른 평양성

고구려는 전통적으로 2성 체제를 갖춘 나라였어요. 2성 체제란 평소에 머무는 평지성과 전쟁이 일어났을 때 옮겨가 싸울 수 있는 산성을 따로 두는 것이에요.

평지성 + 산성

그런데 평양성은 중국의 성 체제를 본떠, 평소와 전쟁 때 모두 같은 성에서 생활하는 1성 체제로 만들어졌어요.

평지성 + 산성

만약 계속 2성 체제를 유지했다면, 평양성이 함락됐어도 산성으로 옮겨 가 끝까지 적을 막을 수 있었을지도 몰라요.

"나당 연합군이 만들어지지 않았다면 역사가 바뀌었겠지."

"아! 안타깝다! 우리 것이 더 좋은 것인데!"

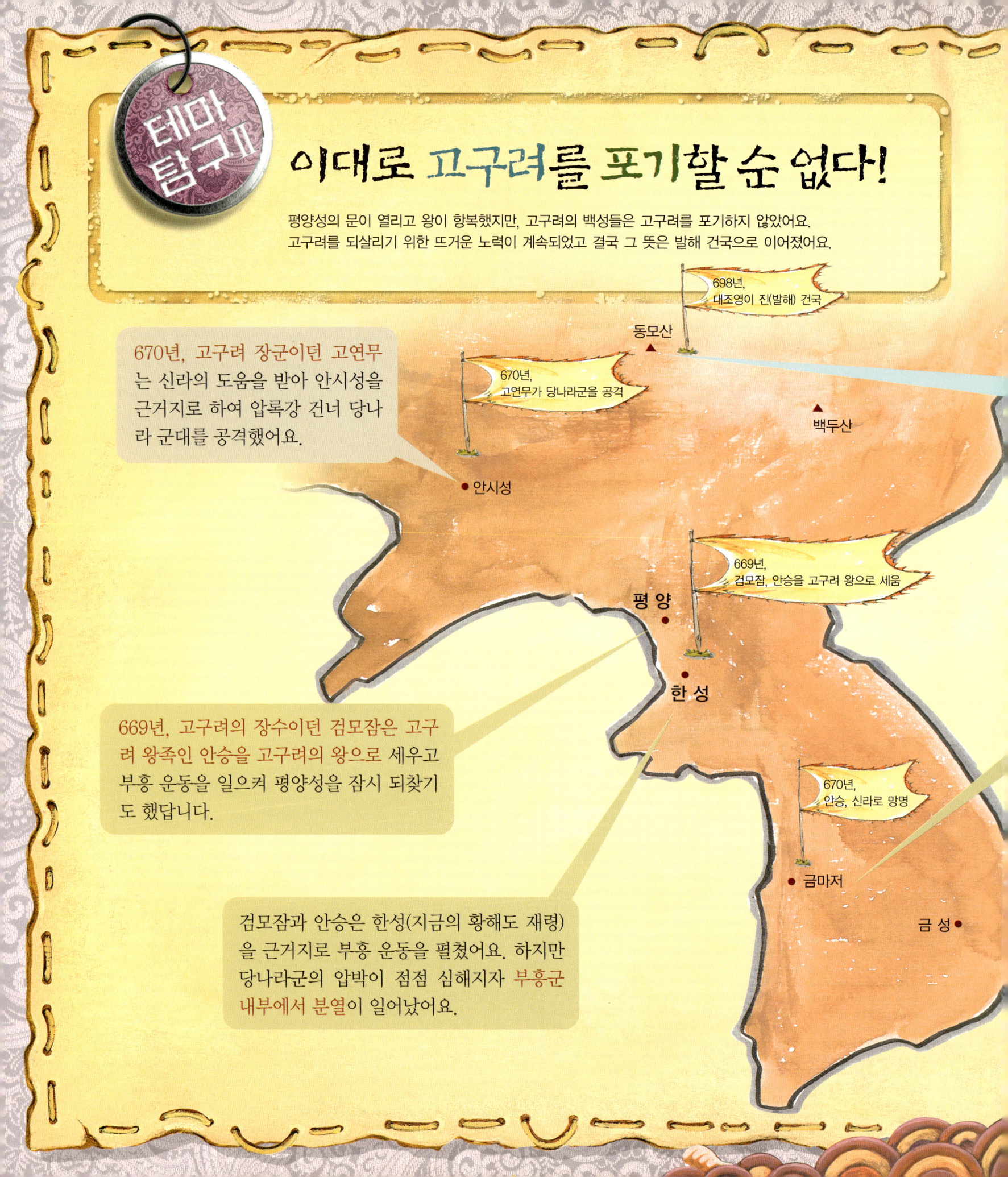

고구려 유민 대조영은 698년, 동모산에서 진(발해)을 건국해요. 고구려 멸망 후 30년간 이어진 부흥 운동이 결실을 맺는 감격적인 순간이었지요.

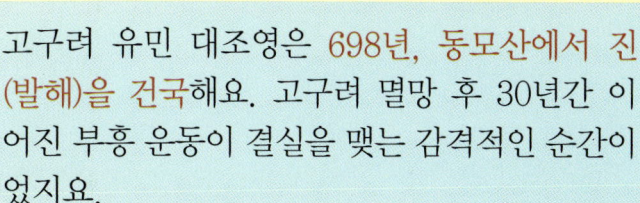

670년, 안승은 검모잠을 없애고 유민 4,000명을 이끌고 신라로 넘어갔어요. 신라는 안승에게 금마저의 땅을 내려 살게 하였지요.

677년, 당나라에 끌려갔다가 돌아온 보장왕도 고구려를 다시 일으키고자 부흥 운동을 준비했어요. 그러나 실행에 옮기기도 전에 당나라에 들통이 나 뜻을 이루지 못하고 말았습니다.

귀족들은 왜 연개소문의 세 아들을 이간질했나요?

연개소문은 고구려의 모든 권력을 쥐고 휘두르며 다른 귀족들을 꼼짝 못하게 했어요. 이에 불만을 품고 있던 귀족들은 연개소문이 죽은 뒤 치열하게 권력 다툼을 벌였지요. 그러면서 자신들의 다툼에 연개소문의 세 아들을 이용했어요.

신성은 왜 당나라의 꼬임에 쉽게 넘어갔을까요?

신성은 승려인데 당시 고구려의 상황에 불만을 품고 있었어요. 연개소문이 귀족들과 승려들이 가진 힘을 빼앗기 위해 당나라에서 도교를 받아들이고 불교를 억눌렀거든요. 귀족들과 마찬가지로 승려들도 그간 쌓인 불만이 많았기 때문에 당나라 편에 서서 평양성 문을 열어 준 것이죠.

당나라로 끌려간 고구려의 유민들은 어떻게 되었나요?

당나라로 끌려간 고구려의 유민들은 온갖 고생과 설움을 겪었어요. 강제로 사람이 살 수 없는 땅으로 여기는 곳으로 보내져서 힘들게 생명을 이어 가야 했지요. 노예로 부림을 당하고 군대에 끌려가기도 했어요. 그러나 그런 고통을 겪으면서도 고구려의 유민들은 뿌리를 내리고 자손을 낳으며 살아갔답니다.

*고구려의 부흥 운동과 당나라로 끌려간 고구려 유민들의 이야기는 별책 부록 《고구려, 백제 멸망 이후 이야기》 편과 발해 《고왕》 편을 참고하세요.

부흥 운동이 실패로 돌아간 뒤 보장왕은 어떻게 되었나요?

고구려를 다시 일으키려다 실패한 보장왕은 681년, 당나라 공주로 끌려갔어요. 그리고 1년 뒤 그곳에서 눈을 감았지요. 당나라는 보장왕의 시신을 장안으로 옮겨 장사를 지내고 비를 세웠대요.

알리기

■ 성종실, 태조가 고질라사냥에서 바다 《표류아대사전》 7권으로 삼았으니, 또, 여자 용어 표기의 고유명사사전에서 대해 《표기 편수 사전》를 따르되, 아이들 용어 굳게 쓸게 했습니다.
■ 하지만 인명에서 끝나 곳과 사이에 음을 관고사전에 꾸미지어 있거나, 아이들에게 인정되는 지명과 인물의 그림을 관고사전에 반영하였습니다.
■ 외국 인명, 지명은 고질라사이의 《히라이가 표기법》을 따랐습니다.
■ 단, 실대에 사용되는 용어로 쓰기 표기로 썼습니다.
■ 국문은 1895년 태양력 채택 이전의 아이들을 음력으로 표기했습니다.
■ 이 책에 사용된 사진은 연구 아이들을 위해 개재했으며, 사진저자가 불공지라거나 찾지 못한 일부 사진은 해도 추후라도 대응 알려주시면...